Spargel

Rafael Pranschke

Spargel

MIT FRISCHEN NEUEN REZEPTEN

Edition
Fackelträger

Inhalt

Spargel! Der König unter den Gemüsesorten

Spargel erfreut sich jedes Jahr immer wiederkehrender Beliebtheit. Das frisch gestochene Gemüse ist leicht, zart und vielfältig zu verarbeiten. Ob weiße oder grüne Stangen, das edle Gemüse verwöhnt den Gaumen und ist so facettenreich, wie kaum ein anderes Gemüse.

Genießen Sie Spargel als Vorspeise, Hauptgericht, heiß aus dem Ofen oder Kleinigkeiten für zwischendurch. Der Abwechslungsreichtum ist riesig. Für jeden Genießer ist etwas dabei. Nicht umsonst hat Spargel den Ruf ein kulinarisches Highlight des Jahres zu sein.

60 abwechslungsreiche Rezepte warten auf ihren Auftritt. Staunen Sie über raffinierte Spargelkreationen und die passenden Saucen, Beilagen und Dips. Erfahren Sie, wie das feine Aroma am besten zur Geltung kommt: Gekocht, gebraten, gegrillt, mariniert und gebackenen lassen sich die feinen Stangen immer wieder neu interpretieren.

Genießen Sie die Spargelsaison mit diesen frischen neuen Rezepten!

Köstliche Vielfalt

Der Gemüsespargel ist eine von rund 300 Gattungen der Spargelgewächse. Eine mehrjährige Pflanze liefert uns viele Jahre aufs Neue die köstlichen Stangen. Der unterirdische Stängeltrieb der Pflanze wird umgangssprachlich Spargel genannt. Weit verbreitet ist der Asparagus officinalis, der Gemeine Spargel, dessen Knospen im Frühjahr senkrecht an die Erdoberfläche treiben, um dort verzweigte Triebe zu bilden. In den Rezepten wird zwar nur weißer und grüner Spargel verwendet, man unterscheidet im Allgemeinen allerdings folgende Spargelsorten.

Der Klassiker

Weißer Bleichspargel
Die Stangen wachsen unterirdisch unter Erdwällen und haben zunächst eine weiße Farbe. Sobald die Triebe an die Erdoberfläche gelangen, müssen sie mit scharfen, leicht gebogenen Spezialmessern gestochen werden. Auf diese Weise erhalten wir den mild schmeckenden weißen Bleichspargel. Gerade gewachsene Stangen mit festen, geschlossenen Köpfen sind besonders begehrt und garantieren eine optimale Qualität.

Eine spätere Ernte erfolgt nur, wenn der Spargel als grüner oder violetter Spargel in den Handel kommen soll. Unter Lichteinfluss verfärben sich die Stangen dementsprechend. Dieser sogenannte Buntspargel wird immer mehr geschätzt und auch hierzulande angeboten.

Der Aromatische

Grünspargel

Der Grünspargel wächst bis zur Ernte über der Erde und hat durch den hohen Chlorophyll-Gehalt ein herzhaftes Aroma. Die Stangen sind äußerst zart und müssen nur im unteren Drittel geschält werden. Eine besondere Form ist der purpurne Spargel, der nicht mit dem violetten Bleichspargel verwechselt werden darf. Diese Stangen wachsen wie Grünspargel oberirdisch und sind wegen ihres hohen Anteils an Anthozyanen äußerlich komplett violett gefärbt.

Der Würzige

Violetter Spargel

Hier handelt es sich um weißen Spargel, der allerdings erst gestochen wird, wenn sein Kopf die Erdoberfläche schon leicht durchbrochen hat. Durch die Einwirkung des Sonnenlichts werden sogenannte Anthozyane gebildet, natürliche Pflanzenstoffe, die die Spargelspitze violett färben. Violetter Spargel schmeckt kräftiger und würziger als weißer Spargel.

Der Exotische

Thaispargel

Er hat Ähnlichkeit mit dem grünen Spargel, ist jedoch sehr viel dünner und muss nicht geschält werden. Er schmeckt frisch und zart und ist eine ideale Zutat für Zubereitungen im Wok. Das Hauptanbaugebiet ist die Region um Bangkok.

Der Ursprüngliche

Wildspargel

Der spitzblättrige Spargel hat einen sehr kräftigen Geschmack und muss nicht geschält werden. In Deutschland ist der sehr dünne, grüne Spargel eher weniger begehrt, dafür umso mehr in Italien, Frankreich und Spanien. Dort genießt man auch den Waldspargel, der wild wächst und in Frankreich als Delikatesse in den Handel kommt. Der Aspergette oder Asperge des bois ist jedoch kein wirklicher Spargel, sondern eine Sprosse des Pyrenäen-Milchsterns, ein von Kleinasien bis nach Spanien beheimatetes Zwiebelgewächs. Nur die traubenförmigen Spitzen sind genießbar.

Spargelanbau

In Europa gehört Deutschland zu den führenden Spargelanbaugebieten. Rund 22 000 Hektar werden kultiviert. Doch bis die ersten jungen Triebe geerntet werden können, vergehen in der Regel zwei Jahre intensivster Vorbereitung. Bevorzugt werden leichte, lockere Sandböden in sonniger Lage. Sie lassen sich gut bearbeiten und erwärmen sich relativ schnell.

Man unterscheidet zwei Kulturverfahren: Bleichspargel wird unter Erddämmen gezogen, die jährlich an- und abgehäufelt werden müssen. Die Ernte ist sehr personalintensiv, weil der Spargel von Hand gestochen werden muss. Sobald ein feiner Riss in der Erde erscheint, wird diese bis auf eine Tiefe von 40 cm vom Spross entfernt und der Spargel mit einem Spezialmesser abgeschnitten. Vorsichtig, damit keine anderen heranwachsenden Triebe zerstört werden. Anschließend wird die Erde wieder in das Loch geworfen und mit einer Kelle geglättet. So kann auch der nächste heranwachsende Spross vor dem Austreten ans Licht entdeckt werden.

Grünspargel ist sehr viel einfacher in der Handhabung. Er wächst meist ebenerdig heran und wird mit einem scharfen Messer geerntet, wenn er groß genug ist, in der Regel bei einer Länge von rund 25 cm.

Frischer Grün- und Weißspargel aus heimischem Anbau wird zwischen Mai und Juni angeboten. Die offizielle Spargelsaison beginnt meist in der zweiten Aprilhälfte, sie hängt jedoch grundsätzlich von der Witterung und der Bodentemperatur ab. Manche Spargebauer sind mittlerweile dazu übergangen, Wärmeröhre in ihren Äckern zu verlegen. Durch diese Rohre wird warmes Wasser geleitet, damit die Spargelernte mancherorts bereits im März beginnen kann. Die Saison endet am 24. Juni jeden Jahres. So hat die Pflanze genügend Regenerationszeit für die nächste Wachstumsperiode.

Der zarte Genuss

Die Qualität der Spargelstangen lässt sich nach einfachen Regeln beurteilen:

Köpfe: Sie sollten fest, verschlossen und auf gar keinen Fall aufgeblüht sein. Die Verfärbungen der Köpfe sind vom Zeitpunkt der Ernte abhängig.

Stangen: Sie sollten gleichmäßig dick und gerade gewachsen sein. Es werden starke Stangen bevorzugt.

Schnittenden: Sie sollten frisch und feucht sein. Es sollten weder Verfärbungen noch trockene Schnittflächen zu fühlen sein. Trockene Schnittflächen deuten auf klare Überlagerung beim Spargel hin. Eine Qualitätsminderung und erhöhter Abfall bei der Zubereitung sind die Folgen.

Handelsklassen

In folgende Handelsklassen wird der Spargel eingeteilt:

Klasse Extra: von höchster Qualität

Klasse 1:   von guter Qualität

Klasse 2:   Spargel, der nicht höher eingestuft werden kann, aber den Mindesteigenschaften
voll entspricht

Ein einfacher Test lässt die Qualität erkennen. Beim Zusammendrücken am Schnittende tritt bei gutem
Spargel Saft an der Schnittfläche hervor. Der Saft duftet frisch und schmeckt nicht sauer.

Zubereitung

Die Vorbereitung von Spargel erfordert keine große Übung. Spargel
wird am besten mit einem Spar- oder Spargelschäler geschält. Der
Schäler wird dabei unterhalb des Spargelkopfes angesetzt und die
Schale nach unten hin rundherum dünn abgeschält. Beim Schälen
werden die Stangen zwischen Daumen und Zeigefinger gelegt, sodass das Stangenende auf dem Handballen liegt. Achten Sie beim
Schälen darauf, dass die Spargelköpfe unverletzt bleiben. Im unteren Bereich wird der Spargel gleichmäßig zugeschnitten.

Bis zur Verwendung legt man den Spargel flach auf Bleche und be-
deckt die Stangen mit einem feuchten Tuch und stellt sie kalt. Die
Lagertemperatur beträgt 5–10 °C.

Zum Garen von Spargel werden die Stangen in Portionen gebündelt
und mit Küchengarn geschnürt. Die Bündel in sprudelnd kochendes
Salzwasser legen, einmal aufkochen lassen und die Hitze reduzieren. Den Spargel bei mittlerer Hitze 12–18 Minuten kochen. Die Gar-
zeit hängt immer von der Dicke der Stangen ab. Durch Anstechen
des Spargels mit einer Gabel prüft man den Garzustand. Spargel
sollte gar, jedoch nicht weich sein. Er schmeckt am besten, wenn er
direkt vor dem Verzehr zubereitet wird.

Tipp: Da Spargel ein Süßgemüse ist, kann dem Kochwasser eine
kleine Menge Zucker zugefügt werden. Aus den Spargelschalen lassen sich übrigens köstliche Brühen für Spargelsuppen und Saucen
herstellen.

Spargel ist gesund

Spargel besteht zu rund 93 Prozent aus Wasser und hat pro Kilogramm nur 180 Kalorien, sodass man die Stangen bedenkenlos pfundweise essen kann. Die Königsstangen schmecken nicht nur köstlich, sondern liefern auch viele Vitamine und Mineralstoffe.

Das Gemüse enthält Kalium, das den Blutdruck senkt und die Nervenreizleitungen intakt hält, und Kalzium, ein überaus wichtiger Baustein für Knochen und Zähne. Phosphor, Magnesium und Kupfer werden dem Organismus auch zugeführt. Der Stickstoffgehalt unterstützt die Nierentätigkeit und ist zudem für die harntreibende Wirkung des Gemüses verantwortlich. Aber auch lebenswichtige Vitamine stecken in den Stangen, allen voran die sogenannten Antioxidans-Vitamine C, E und K sowie das Provitamin β-Carotin. Nicht zu vergessen die Folsäure, die die Zellteilung und die Bildung der roten Blutkörperchen fördert.

Ob weiß, violett oder grün: Spargel ist gesund. Gönnen Sie Ihrem Körper eine Frühjahrskur.

Saucen & Suppen

Hollandaise

Rezept für 4 Personen
Zubereitungszeit: 25 Minuten

250 g Butter
1 Schalotte
2 EL Weißweinessig
40 ml Geflügelbrühe
1 TL weiße Pfefferkörner
3 Eigelb
Saft von ½ Zitrone
Meersalz
Cayennepfeffer

Die Butter in einem Topf schmelzen und für 2 Minuten leise kochen. Vom Herd ziehen und 3 Minuten stehen lassen, bis die Molke zu Boden gesunken ist. Den Butterschaum abschöpfen und die geklärte Butter in ein Gefäß umfüllen.

Die Schalotte schälen und zusammen mit dem Weißweinessig, der Brühe und den Pfefferkörnern aufkochen, auf die Hälfte reduzieren. Durch ein Sieb in eine Schüssel passieren.

Die Eigelbe über einem Wasserbad aufschlagen und zufügen. Dabei die geklärte Butter in einem dünnen Strahl hineinlaufen lassen, bis eine homogene Sauce entsteht. Die Hollandaise mit Salz, Cayennepfeffer und Zitronensaft abschmecken.

Tomaten-Hollandaise

Rezept für 4 Personen
Zubereitungszeit: 35 Minuten

1 Rezeptmenge Hollandaise (s. S. 16)
200 g Strauchtomaten
2 EL Tomatenmark
Zucker

Die Sauce wie im Grundrezept auf Seite 16 beschrieben zubereiten.

Die Tomaten waschen und trocken tupfen. Den Strunk herausschneiden
und die Tomaten in kleine Würfel schneiden.

Das Tomatenmark unter die Hollandaise rühren und mit Zucker abschmecken.
Vor dem Servieren die Tomatenwürfel unterheben.

Sauce béarnaise

Rezept für 4 Personen
Zubereitungszeit: 30 Minuten

1 Rezeptmenge Hollandaise (s. S. 16)
½ Bund Estragon

Die Sauce wie im Grundrezept auf Seite 16 beschrieben zubereiten.

Den Estragon waschen und trocken schleudern. Die Blätter abzupfen und fein hacken.
Vor dem Servieren den Estragon unter die Sauce rühren.

Spargel-Pesto

Rezept für 4 Personen
Zubereitungszeit: 15 Minuten

2 Bund Basilikum, 1 EL Mandeln
100 ml Olivenöl, 30 g Parmesan
150 g weißer Spargel, Meersalz
frisch gemahlener schwarzer Pfeffer

Das Basilikum waschen und trocken schleudern. Die Blätter abzupfen und zusammen mit den Mandeln in einer Küchenmaschine mixen. Dabei das Olivenöl zulaufen lassen. So lange mixen, bis ein feines Pesto entsteht. Den Parmesan fein reiben und unter das Pesto heben.

Den Spargel schälen und die holzigen Enden abschneiden. In Salzwasser bissfest blanchieren und kalt abschrecken. Den Spargel auf Küchenpapier abtropfen lassen und in feine Scheiben schneiden. Die Spargelscheiben unter das Pesto rühren und mit Salz und Pfeffer würzen.

Zitronenbutter

Rezept für 4 Personen
Zubereitungszeit: 15 Minuten

250 g Butter
Saft und Abrieb von ½ unbehandelten Zitrone
Meersalz
frisch gemahlener weißer Pfeffer

Die Butter in einem Topf erwärmen, bis sich die Molke unten absetzt. Den Butterschaum abschöpfen. Die geklärte Butter durch ein Sieb in einen Topf seihen.

Die Zitrone heiß abwaschen. Die Schale abreiben und den Saft auspressen. Zitronensaft und -abrieb zu der Butter geben und einmal aufkochen lassen. Mit Salz und Pfeffer würzen.

Spargelcremesuppe mit Jakobsmuscheln

Rezept für 4 Personen
Zubereitungszeit: 30 Minuten

500 g weißer Spargel
2 Schalotten
3 EL Olivenöl
300 g Sahne
4 Jakobsmuscheln
4 Schnittlauchhalme
Zucker
Meersalz
Cayennepfeffer

Den Spargel schälen und die holzigen Enden abschneiden. Die Stangen in 2 cm lange Stücke schneiden. Die Spargelschalen mit 500 ml Wasser zum Kochen bringen, vom Herd nehmen und für 15 Minuten ziehen lassen. Durch ein Sieb seihen.

Die Schalotten schälen und in feine Würfel schneiden. In 2 EL Olivenöl glasig anschwitzen. Die Spargelstücke zufügen und für 5 Minuten mitdünsten. Die Spargelbrühe und die Sahne zugießen und 15 Minuten leise kochen lassen. Mit einem Stabmixer fein pürieren und durch ein Sieb passieren. Mit Meersalz, Zucker und Cayennepfeffer abschmecken.

Die Jakobsmuscheln in einer Grillpfanne im restlichen Olivenöl von jeder Seite für 3 Minuten braten. Den Schnittlauch in Stifte schneiden. Die Suppe mit den Jakobsmuscheln und dem Schnittlauch in Schüsseln anrichten und servieren.

Spargel-Cappuccino

Rezept für 4 Personen
Zubereitungszeit: 30 Minuten

500 g grüner Spargel
2 Schalotten
20 g Butter
200 ml Geflügelbrühe
150 ml Milch
Zucker
frisch geriebene Muskatnuss
Meersalz
Cayennepfeffer

Den Spargel im unteren Drittel schälen und die holzigen Enden abschneiden.
Die Spargelstangen in 1 cm lange Stücke schneiden.

Die Schalotten schälen und in feine Würfel schneiden. Schalottenwürfel in Butter glasig
anschwitzen. Den Spargel zufügen und für 3 Minuten mitdünsten. Mit der Geflügelbrühe
aufgießen und für 10 Minuten weich kochen. Mit einem Stabmixer pürieren. Das Spargelpüree
mit Salz, Zucker und Cayennepfeffer abschmecken.

Die Milch mit Salz würzen und aufschäumen. Das Spargelpüree in Cappuccinotassen verteilen.
Mit der Muskatnuss bestreuen und mit einer Milchschaumhaube servieren.

Asiatische Spargelsuppe

Rezept für 4 Personen
Zubereitungszeit: 30 Minuten

250 g grüner Spargel
2 Schalotten
100 g rote Paprika
100 g gelbe Paprika
80 g Champignons
2 EL Erdnussöl
½ TL Chilipaste
750 ml Gemüsebrühe
3 EL Fischsauce
2 EL Sojasauce
60 g Glasnudeln
Meersalz
Cayennepfeffer

Den Spargel schälen und die holzigen Enden abschneiden. Die Schalotten schälen und in feine Würfel schneiden. Die Paprika waschen und in Streifen schneiden. Die Champignons putzen und in Viertel schneiden.

Das Erdnussöl in einem Topf erhitzen. Die Schalottenwürfel darin 2 Minuten glasig anschwitzen. Den Spargel, die Paprika und die Champignons zufügen und 5 Minuten mitdünsten. Die Chilipaste zufügen und mit der Gemüsebrühe auffüllen. Die Suppe 10 Minuten bei schwacher Hitze kochen. Die Fischsauce und Sojasauce zufügen. Die Glasnudeln in der heißen Suppe 4 Minuten ziehen lassen.

Die Suppe mit Salz und Cayennepfeffer würzen und servieren.

Vorspeisen

Parmesan-Tacos
mit Spargel und Parmaschinken

Rezept für 4 Personen
Zubereitungszeit: 30 Minuten

150 g Mehl
30 g Puderzucker
3 Eiweiß
150 g weiche Butter
150 g Parmesan
250 g weißer Spargel
250 g grüner Spargel
40 g Rucola
3 EL Olivenöl
12 Scheiben Parmaschinken
Meersalz
frisch gemahlener Pfeffer

Den Backofen auf 180 °C vorheizen.

Das Mehl in eine Schüssel sieben und mit dem Puderzucker und den Eiweißen glatt rühren.
Die weiche Butter untermischen.

Den Parmesan fein reiben und unter die Masse heben. Mit einer Palette auf ein mit Backpapier
ausgelegtes Backblech 20 Kreise von 6 cm Ø aus der Käsemasse streichen. Die Teigkreise
5–6 Minuten backen. Aus dem Ofen nehmen und jeden Kreis zum Auskühlen über ein
Nudelholz legen. So entsteht die typische Tacoform.

Den weißen Spargel schälen und die holzigen Enden abschneiden. Den grünen Spargel
im unteren Drittel schälen und unten 1 cm abschneiden. Beide Spargelsorten in Salzwasser
für 8 Minuten blanchieren und kalt abschrecken. Den Spargel halbieren.

Rucola waschen und trocken schleudern. Jeweils zwei bis drei Spargelstangen mit
ein paar Rucolablättern in eine Scheibe Parmaschinken wickeln und in einen Taco legen.
Die Tacos mit Salz und Pfeffer würzen.

Spargel-Club-Sandwich mit Erdnussbutter

Rezept für 4 Personen
Zubereitungszeit: 30 Minuten

250 g grüner Spargel
2 EL Rapsöl
4 Hähnchenbrüste (à 130 g)
2 EL Olivenöl
8 Toastbrotscheiben
20 g Butter
4 Lollo Bianco Salatblätter
50 g Mayonnaise
100 g saure Sahne
Saft und Abrieb von 1 unbehandelten Zitrone
40 g Erdnussbutter
Cayennepfeffer
Meersalz
frisch gemahlener schwarzer Pfeffer

Den Spargel im unteren Drittel schälen. Die holzigen Enden abschneiden.
Die Spargelstangen in Rapsöl in einer Grillpfanne 6–8 Minuten braten.
Die Hähnchenbrüste in Olivenöl von jeder Seite ca. 4 Minuten in der Grillpfanne braten.
Mit Salz und Pfeffer würzen und bis zum Servieren warm halten.

Die Toastbrotscheiben einseitig dünn mit Butter einstreichen.
Von beiden Seiten in der Grillpfanne ca. 2 Minuten braten.

Den Salat waschen und trocken schleudern. Die Mayonnaise und die saure Sahne
in einer Schüssel verrühren und mit dem Zitronenabrieb und ein paar Spritzern
Zitronensaft abschmecken. Mit Salz und Pfeffer würzen.

Die Erdnussbutter mit Cayennepfeffer und dem restlichen Zitronensaft abschmecken.
Vier Toastbrotscheiben mit der Erdnussbutter bestreichen und mit einem Salatblatt belegen.
Die Hähnchenbrüste in Scheiben schneiden und mit dem Spargel auf dem Salat schichten.
Die Zitronenmayonnaise darauf verteilen und die restlichen Toastbrotscheiben aufsetzen.
Die Club Sandwiches jeweils mit zwei Holzspießen fixieren und zum Servieren mit einem
Messer diagonal halbieren.

Spargelrösti mit Räucherlachs und Frischkäse

Rezept für 4 Personen
Zubereitungszeit: 35 Minuten

200 g grüner Spargel
300 g rohe Kartoffeln
2 EL Mehl
2 EL Rapsöl
50 g Butter
100 g Frischkäse
Saft von ½ Zitrone
½ Bund Dill
200 g Räucherlachs
Meersalz
frisch gemahlener schwarzer Pfeffer

Den Spargel im unteren Bereich schälen und die holzigen Enden abschneiden. Die Kartoffeln schälen. Spargel und Kartoffeln grob reiben. In einer Schüssel mit dem Mehl vermischen und mit Salz und Pfeffer würzen.

Rapsöl und Butter in einer beschichteten Pfanne erhitzen und einen Rösti darin goldbraun backen. Auf Küchenpapier abtropfen lassen.

Den Frischkäse mit dem Zitronensaft glatt rühren. Den Dill waschen, grob hacken und unter den Frischkäse rühren. Den Frischkäse auf den Rösti streichen und mit Lachs belegen. In vier Tortenstücke schneiden und servieren.

Spargel-Teriyaki
mit Honig-Sojasauce

Rezept für 4 Personen
Zubereitungszeit: 20 Minuten

250 g grüner Spargel
250 g weißer Spargel
16 Speckscheiben
1 Knoblauchzehe
3 EL Erdnussöl
4 EL Sojasauce
1 EL Honig

Den Spargel schälen, die holzigen Enden abschneiden und in Salzwasser
4–5 Minuten blanchieren. Anschließend kalt abschrecken und auf Küchenpapier
abtropfen lassen. Die Stangen in 5 cm lange Stücke schneiden.
Jeweils abwechselnd drei grüne und drei weiße Spargelstücke zusammen
mit dem Speck auf Spieße stecken.

Den Knoblauch pellen und fein hacken. Die Spargelspieße in einer großen Pfanne
in Erdnussöl von jeder Seite 2 Minuten braten. Knoblauch, Sojasauce und Honig
zufügen, einkochen lassen. Die Spieße warm servieren.

Kartoffeln mit Spargelrührei

Rezept für 4 Personen
Zubereitungszeit: 45 Minuten

4 junge mittelgroße Kartoffeln
200 g grüner Spargel
4 Eier
½ Bund Schnittlauch
20 g Butter
4 EL Milch
Meersalz
frisch gemahlener schwarzer Pfeffer

Die Kartoffeln waschen und in Salzwasser weich kochen. Anschließend das obere Viertel abschneiden. Die Kartoffeln mit einem Teelöffel aushöhlen und beiseitestellen.

Den Spargel im unteren Drittel schälen. Die holzigen Enden abschneiden, in Salzwasser blanchieren und kalt abschrecken. Auf Küchenpapier abtropfen lassen. Den Spargel in 2 cm lange Stücke schneiden.

Die Eier in einer Schüssel verquirlen und mit Salz und Pfeffer würzen. Den Schnittlauch in Röllchen schneiden.

Die Butter in einer beschichteten Pfanne schmelzen. Die Spargelstücke ca. 2 Minuten dünsten. Das Rührei zufügen und unter Rühren fertig braten. Sobald das Spargelrührei die gewünschte Konsistenz erreicht hat, die Milch zufügen, umrühren und vom Herd ziehen. Mit den Schnittlauchröllchen bestreuen. Das Spargelrührei in die Kartoffeln füllen und servieren.

Tipp: Für ein knuspriges Erlebnis frittieren Sie die ausgehöhlten Kartoffeln ca. 2 Minuten bei 160 °C und befüllen sie dann mit dem Spargelrührei.

Spargelsalat mit Eier-Vinaigrette

Rezept für 4 Personen
Zubereitungszeit: 40 Minuten

Für den Spargelsalat:
1 kg weißer Spargel
4 Eier
1 Bund Schnittlauch
2 Schalotten
20 g Speck

Für die Vinaigrette:
4 EL Apfelessig
1 TL Honig
1 TL Senf
4 EL Rapsöl
1 EL Walnussöl
Meersalz
frisch gemahlener schwarzer Pfeffer

Den Spargel schälen und unten die holzigen Enden abschneiden. Den Spargel blanchieren und kalt abschrecken. Auf Küchenpapier trocken tupfen und längs halbieren.

Die Eier in 12 Minuten hart kochen, anschließend unter kaltem Wasser abschrecken und pellen. Mit einem Eierschneider in Scheiben schneiden.

Acht Schnittlauchhalme beiseitelegen. Den restlichen Schnittlauch in feine Röllchen schneiden. Die Schalotten schälen und in feine Würfel schneiden. Den Speck ohne Fett würfeln, in einer beschichteten Pfanne auslassen und 3 Minuten braten. Die Schalotten zufügen und weitere 3 Minuten braten. Die Speck-Zwiebel-Mischung auskühlen lassen und in einer Schüssel mit den Schnittlauchröllchen verrühren.

Für die Vinaigrette Essig, Honig und Senf verrühren. Die Öle löffelweise unterschlagen und mit Salz und Pfeffer würzen. Den Spargel in einer Schüssel mit der Vinaigrette marinieren, auf Tellern anrichten und mit den Eierscheiben, der Speck-Zwiebel-Mischung und den beiseitegelegten Schnittlauchhalmen bestreut servieren.

Spargelpuffer mit Kürbispüree

Rezept für 4 Personen
Zubereitungszeit: 35 Minuten

Für die Puffer:
500 g grüner Spargel
1 Zwiebel
200 g Spinat (TK)
20 g Butter, 3 Eier
30 g Parmesan
3 EL Olivenöl
frisch geriebene Muskatnuss
Meersalz
frisch gemahlener schwarzer Pfeffer

Für das Kürbispüree:
450 g Hokkaidokürbis
30 g Butter, 50 g Sahne

Für die Puffer den Spargel im unteren Drittel schälen und die holzigen Enden abschneiden.
Die Stangen in Salzwasser blanchieren, kalt abschrecken und in 1 cm lange Stücke schneiden.
Auf Küchenpapier abtropfen lassen.

Die Zwiebel schälen und fein würfeln. Den Spinat ausdrücken und grob hacken. Die Butter in einer
Pfanne schmelzen und Zwiebeln darin glasig anschwitzen. Spinat und Spargel zufügen und einmal
durchschwenken. Mit Salz, Pfeffer und Muskatnuss würzen.

Die Spinat-Spargel-Masse in eine Schüssel füllen. Die Eier aufschlagen und untermengen.
Den Parmesan reiben und unter die Masse heben.

Olivenöl in einer Pfanne erhitzen und aus der Masse kleine Puffer formen und von jeder Seite
ca. 3 Minuten behutsam braten. Die Puffer auf Küchenpapier vom überschüssigen
Fett abtropfen lassen.

Für das Kürbispüree den Kürbis in Stücke schneiden und in Salzwasser 15 Minuten weich kochen.
Das Wasser abschütten. Butter und Sahne zufügen. Die Sahne aufkochen lassen und den Kürbis
mit einem Pürierstab fein mixen. Mit Salz, Pfeffer und Muskatnuss würzen. Die Puffer zusammen mit
dem Püree servieren.

Spargel-Piccata

Rezept für 4 Personen
Zubereitungszeit: 20 Minuten

500 g grüner Spargel
500 g weißer Spargel
75 g Parmesan
2 Eier
4 EL Olivenöl
100 g rotes Tomatenpesto
Kerbel (nach Belieben)
frisch gemahlener schwarzer Pfeffer
Mehl zum Wenden

Den grünen Spargel im unteren Drittel schälen. Die weißen Stangen ganz schälen.
Die holzigen Enden abschneiden. Beide Sorten nacheinander 6–8 Minuten
blanchieren und kalt abschrecken. Auf Küchenpapier abtropfen lassen.

Den Parmesan fein reiben. Die Eier in einer Schüssel verquirlen und
mit dem geriebenen Parmesan mischen.

Die Spargelstangen mit einem Messer halbieren und dünn in Mehl wenden.
Jede Stange durch die Parmesan-Ei-Mischung ziehen und in einer beschichteten
Pfanne 2–3 Minuten braten. Mit Pfeffer würzen und mit rotem Tomatenpesto und
Kerbel servieren.

Ceviche vom Spargel mit Jakobsmuscheln

Rezept für 4 Personen
Zubereitungszeit: 40 Minuten

250 g grüner Spargel
250 g Jakobsmuscheln
4 EL Olivenöl
1 EL Honig
Saft von 2 Zitronen
Saft und Abrieb von 2 unbehandelten Orangen
1 Schale Shiso-Kresse

Den Spargel im unteren Drittel schälen und die holzigen Enden abschneiden.
Den Spargel über einen Hobel in 2 mm dünne Streifen schneiden.

Die Jakobsmuscheln mit einem Messer ebenfalls in dünne Scheiben schneiden.
Spargel und Jakobsmuscheln in einer Schüssel mischen. Mit Salz und Pfeffer
würzen.

Olivenöl, Honig, Zitronensaft, Orangensaft und -abrieb miteinander verquirlen.
Die Marinade über den Spargel und die Muscheln gießen. 1 Stunde kalt stellen.

Den Spargel mit den Jakobsmuscheln auf Teller verteilen und mit
der Shiso-Kresse bestreut servieren.

Spargel-Tempura mit Currymayonnaise

Rezept für 4 Personen
Zubereitungszeit: 30 Minuten

Für den Tempurateig:
110 g Mehl zzgl. etwas zum Wenden
1 TL Backpulver
1 Eigelb
400 g grüner Spargel
400 g weißer Spargel
1 l Erdnussöl zum Frittieren

Für die Mayonnaise:
2 EL Currypulver
1 EL Rapsöl
100 g Mayonnaise
1 Prise Zucker
Meersalz
frisch gemahlener schwarzer Pfeffer

Für den Tempurateig das Mehl in eine Schüssel sieben und mit dem Backpulver vermischen. Das Eigelb und 250 ml eiskaltes Wasser zufügen und zu einem dickflüssigen Teig verrühren.

Beide Spargelsorten schälen, die holzigen Enden abschneiden und in Salzwasser blanchieren. Kalt abschrecken und mit Küchenpapier trocken tupfen.

Das Öl zum Ausbacken auf 180 °C erhitzen.

Für die Mayonnaise das Currypulver in Rapsöl anbraten, bis es duftet. Auskühlen lassen. Die Paste mit der Mayonnaise mischen, mit Zucker und Salz würzen.

Den Spargel längs halbieren, in Mehl wenden und durch den Tempurateig ziehen. Im heißen Fett portionsweise goldgelb ausbacken. Das überschüssige Fett auf Küchenpapier abtropfen lassen und den Spargel mit der Mayonnaise servieren.

Spargel-Bruschetta

Rezept für 4 Personen
Zubereitungszeit: 20 Minuten

150 g weißer Spargel
160 g grüne Tomaten
1 Schalotte
1 Knoblauchzehe
3 EL Olivenöl
4 Weißbrotscheiben
30 g Butter
Meersalz
frisch gemahlener schwarzer Pfeffer

Den Spargel schälen und die holzigen Enden abschneiden.
In Salzwasser bissfest blanchieren und kalt abschrecken.
Die Stangen in kleine Stücke schneiden und in eine Schüssel füllen.

Die Tomaten waschen, den Strunk herausschneiden und die Tomaten in kleine
Würfel schneiden. Die Schalotte und den Knoblauch schälen und fein würfeln.
Spargel, Tomaten, Schalotte und Knoblauch in der Schüssel mischen.
Mit Salz und Pfeffer würzen. Olivenöl zufügen und alles verrühren.

Das Brot in der Butter von beiden Seiten goldbraun braten und auf
Küchenpapier abtropfen lassen. Die Spargelmischung darauf anrichten
und servieren.

Spargel-Tomaten-Salat mit Sesam

Rezept für 4 Personen
Zubereitungszeit: 20 Minuten

500 g grüner Spargel
500 g gemischte Tomaten (grün, rot und schwarz)
3 EL Olivenöl
2 EL Rotweinessig
2 Basilikumzweige
1 EL Sesam
Zucker
Meersalz
frisch gemahlener schwarzer Pfeffer

Den Spargel im unteren Drittel schälen und in Salzwasser blanchieren.
Kalt abschrecken und auf Küchenpapier trocken tupfen.
Den Spargel in 3 cm lange Stücke schneiden.

Die Tomaten waschen, den Strunk rausschneiden und die Tomaten
in grobe Stücke schneiden.

Öl und Essig in einer Schüssel verquirlen und mit Salz und Pfeffer würzen.
Den Spargel und die Tomaten in einer Schüssel mischen. Mit Salz, Pfeffer und
Zucker würzen. Die Vinaigrette darüberträufeln und mischen.

Zum Anrichten den Salat auf Schüsseln verteilen und mit einigen
Basilikumblättern und Sesam servieren.

Panna cotta vom Spargel mit Thunfischtatar

Rezept für 4 Personen
Zubereitungszeit: 40 Minuten zzgl. 3 Stunden Kühlzeit

Für die Panna cotta:

200 g grüner Spargel
200 g weißer Spargel
400 g Sahne
Zitronensaft (nach Belieben)
4 Blätter Gelatine
Cayennepfeffer, Meersalz
frisch gemahlener schwarzer Pfeffer

Für das Thunfischtatar:

300 g Thunfisch (Sushi Qualität)
2 EL Olivenöl, Saft von ½ Limette
3 EL Schnittlauchröllchen
4 Grissinis
Meersalz
frisch gemahlener schwarzer Pfeffer

Für die Panna cotta den Spargel schälen und die holzigen Enden abschneiden.
Den grünen Spargel in dünne Scheiben schneiden und mit 200 g Sahne 7–8 Minuten leise
kochen lassen. Mit einem Stabmixer pürieren und durch ein Sieb passieren. Mit Cayennepfeffer,
Salz und ein paar Spritzern Zitronensaft abschmecken.

Die Gelatine nach Packungsanweisung einweichen. Zwei Blätter Gelatine ausdrücken und
in der heißen Spargelsahne auflösen. Vier Gläser bis zur Hälfte mit dem grünen Spargelpüree füllen
und für 90 Minuten im Kühlschrank kalt stellen.

Den weißen Spargel, wie oben beschrieben, ebenfalls zu einem Püree verarbeiten und auf
die grüne Panna cotta in die Gläser gießen. Für 90 Minuten im Kühlschrank kalt stellen.

Für das Tatar den Thunfisch in kleine Würfel schneiden. Mit Olivenöl und Limettensaft marinieren.
Die Schnittlauchröllchen unterheben und mit Salz und Pfeffer würzen.

Das Thunfischtatar auf der Panna cotta verteilen und mit Grissinis garniert servieren.

Spargelcrêpes mit Sesam

Rezept für 4 Personen
Zubereitungszeit: 40 Minuten

40 g Mehl
250 ml Milch
3 Eier
4 TL Olivenöl
500 g grüner Spargel
500 g weißer Spargel
1 EL Sesam
8 Schnittlauchhalme
Meersalz
frisch gemahlener schwarzer Pfeffer

Das Mehl sieben und mit der Milch und den Eiern verquirlen.
1 TL Olivenöl unterrühren und für 30 Minuten ruhen lassen.

Eine beschichtete Pfanne von 20 cm Ø mit Olivenöl einpinseln
und aus der Teigmasse acht Crêpes darin ausbacken. Die Crêpes auf Küchenpapier
abtropfen lassen und halbieren.

Den Spargel schälen, die holzigen Enden abschneiden und in Salzwasser
6–8 Minuten blanchieren, anschließend kalt abschrecken.

Den Sesam in einer Pfanne ohne Fett ca. 2 Minuten rösten.
Jeweils fünf Spargelstangen mit Sesam bestreut in einen halben Crêpe
wickeln, mit einem Schnittlauchhalm binden.

Die Crêpes mit Salz und Pfeffer würzen und servieren.

Spargelmousse

Rezept für 4 Personen
Zubereitungszeit: 20 Minuten

500 g grüner Spargel
180 g Sahne
3 Blätter Gelatine
Saft von ½ Zitrone
1 Bund Rucola
100 g Kirschtomaten
3 EL Olivenöl
2 EL Weißweinessig
Zucker
Meersalz
frisch gemahlener schwarzer Pfeffer

Den Spargel im unteren Drittel schälen und die holzigen Enden abschneiden.
Die Stangen in Salzwasser ca. 10 Minuten blanchieren und kalt abschrecken.
Ein Drittel vom Spargel in der Küchenmaschine mit 30 g Sahne fein mixen und durch
ein Sieb streichen. Die restliche Sahne steif schlagen.

Die Gelatine nach Packungsanweisung einweichen lassen. Ausdrücken und
mit 4 EL Spargelpüree erwärmen, bis sie sich aufgelöst hat. Die Spargelgelatine unter
das Püree rühren. Mit Zitronensaft abschmecken. Mit Salz, Pfeffer und Zucker würzen.
Die Sahne unterheben und in eine Schüssel füllen. Für 3 Stunden kalt stellen.

Den Rucola und die Kirschtomaten waschen. Den Salat trocken schleudern. Die Kirschtomaten halbieren. Olivenöl und Essig verquirlen und mit Salz und Pfeffer würzen.

Die übrigen Spargelstangen mit dem Rucola und den Kirschtomaten auf Tellern
anrichten. Die gekühlte Spargelmousse mit der Vinaigrette beträufeln.
Einen Löffel in heißes Wasser tauchen und aus der Mousse Nocken stechen.
Auf dem Salat anrichten.

Pasta
& Co.

Spargel-Risotto

Rezept für 4 Personen
Zubereitungszeit: 55 Minuten

500 g grüner Spargel
2 EL Olivenöl
1 EL Zucker
150 ml Weißwein
60 g getrocknete Tomaten
2 Schalotten
30 g Butter
200 g Risottoreis
¾ l Gemüsebrühe
50 g Parmesan
Saft und Abrieb von ½ Zitrone
Meersalz
frisch gemahlener schwarzer Pfeffer

Den Spargel im unteren Drittel schälen und die holzigen Enden abschneiden.
Die Stangen in 2 cm lange Stücke schneiden. Den Spargel in heißem Olivenöl
andünsten, mit Salz und Zucker würzen.

Den Zucker karamellisieren lassen und mit dem Weißwein ablöschen.
Den Topf beiseitestellen.

Die getrockneten Tomaten in feine Würfel schneiden.
Die Schalotten schälen, fein würfeln und in Butter glasig dünsten.
Den Risottoreis und die Tomaten zufügen und mitdünsten.
Ein Drittel der Brühe zugießen und leise kochen lassen, bis der Reis
die Flüssigkeit aufgesogen hat. Die Brühe nach und nach zugießen
und immer wieder umrühren.

Nach 20 Minuten den gedünsteten Spargel zufügen und weiterkochen,
bis der Reis die Flüssigkeit aufgesogen hat. Den Parmesan fein reiben und
unter das Risotto mischen. Mit Pfeffer, Zitronensaft und -abrieb würzen.

Basilikum-Gnocchi mit gebratenem Spargel

Rezept für 4 Personen
Zubereitungszeit: 55 Minuten

600 g Kartoffeln
60 g Parmesan
½ Bund Basilikum
3 Eigelb
2 EL Speisestärke zzgl. etwas für die Arbeitsfläche
500 g grüner Spargel
2 EL Olivenöl
Meersalz
frisch gemahlener schwarzer Pfeffer

Die Kartoffeln schälen und in Salzwasser weich kochen. Das Wasser abschütten
und die Kartoffeln im Topf ausdampfen lassen. 40 g Parmesan reiben.
Das Basilikum waschen, trocken schleudern und fein hacken.

Die Kartoffeln durch eine Presse drücken und im heißen Zustand
mit Parmesan, Eigelben, Basilikum und Speisestärke mischen.
Den Teig kneten, bis er geschmeidig ist.

Auf einer mit Speisestärke bestreuten Arbeitsfläche kleine Rollen
von 1,5 cm Ø formen und mit einem Messer Gnocchi abstechen.
Die Gnocchi in kochendes Wasser legen und leise kochen, bis sie an der
Wasseroberfläche schwimmen.

Den Spargel schälen, die holzigen Enden abschneiden und in 3 cm lange
Stücke schneiden. In Olivenöl bei mittlerer Hitze 6–8 Minuten braten.
Die Gnocchi zufügen und für weitere 3 Minuten mitbraten.

Den restlichen Parmesan hobeln. Die Gnocchi und den Spargel
in tiefen Tellern und mit dem Parmesan bestreut servieren.

Spargelravioli
mit Butter und Salbei

Rezept für 4 Personen
Zubereitungszeit: 60 Minuten

200 g Mehl zzgl. etwas für die Arbeitsfläche
2 Eier
1–2 EL Olivenöl
500 g weißer Spargel
2 Schalotten, 1 Knoblauchzehe
1 EL Olivenöl
¼ l Geflügelbrühe
30 g Butter
3 Salbeizweige
Meersalz
frisch gemahlener schwarzer Pfeffer

Das Mehl in eine Schüssel sieben und in der Mitte eine Vertiefung formen. Die Eier und das
Olivenöl in die Mulde füllen und das Mehl von außen nach innen einarbeiten. Den Teig einige
Minuten auf einer bemehlten Arbeitsfläche kneten, bis er geschmeidig ist. In Frischhaltefolie
packen und 30 Minuten ruhen lassen.

Den Spargel schälen, die holzigen Enden abschneiden und die Stangen
in dünne Scheiben schneiden.

Schalotten und Knoblauch schälen und fein würfeln. In einer beschichteten Pfanne
in Olivenöl andünsten. Die Spargelscheiben zufügen und mitdünsten. Die Brühe zugießen
und 6–7 Minuten kochen. Mit Salz und Pfeffer würzen.

Mit einer Nudelmaschine den Nudelteig dünn ausrollen. Im Abstand von 10 cm jeweils
2 Spargelstangen pro Ravioli verteilen. Die Teigränder mit Wasser einpinseln. Eine weitere Schicht
Nudelteig drauflegen und fest andrücken. Mit einem Nudelrad die Ravioli ausschneiden und
in Salzwasser 8–10 Minuten kochen. Während des Kochens einmal wenden.

Die Butter mit den Kräutern in einer Pfanne schmelzen und die Ravioli darin schwenken.
Jeweils einen Ravioli in tiefen Tellern anrichten und mit Meersalz und Pfeffer bestreut servieren.

Spaghetti mit Spargel, Butter und Parmesan

Rezept für 4 Personen
Zubereitungszeit: 25 Minuten

250 g weißer Spargel
250 g grüner Spargel
300 g Spaghetti
80 g Parmesan
40 g Butter
2 Basilikumzweige
Meersalz
frisch gemahlener schwarzer Pfeffer

Den weißen Spargel ganz und den grünen im unteren Drittel schälen.
Die holzigen Enden abschneiden. In Salzwasser blanchieren, kalt abschrecken
und in 3 cm lange Stücke schneiden.

Die Spaghetti in Salzwasser bissfest kochen. Abschütten und etwas Kochwasser
auffangen. Den Parmesan grob reiben.

Die Butter in einem Topf schmelzen. Die Spargelstücke zufügen und für 2 Minuten
dünsten. Die Nudeln hinzufügen, schwenken und mit Salz und Pfeffer würzen.
100 ml Nudelwasser zugießen und 2–3 Minuten leise kochen lassen.

Die Nudeln in tiefen Tellern anrichten und mit Parmesan und Basilikumblättern
bestreut servieren.

Spargellasagne

Rezept für 4 Personen
Zubereitungszeit: 40 Minuten

8 Lasagneplatten
500 g weißer Spargel
500 g grüner Spargel
3 EL Olivenöl
60 g Butter
3 Salbeizweige
80 g Parmesan

Die Lasagneplatten in kochendem Salzwasser für 4 Minuten bissfest kochen.
Aus dem Wasser holen, kalt abschrecken und halbieren.

Den Spargel schälen und die holzigen Enden abschneiden.
Die Stangen in Salzwasser blanchieren.

Olivenöl und Butter in einer beschichteten Pfanne von 30 cm Ø schmelzen.
Die Lasagneplatten mit dem Salbei darin von jeder Seite 2 Minuten
knusprig backen. Pro Portion 250 g Spargel auf vier Nudelplatten schichten.
Den Parmesan reiben und über die Lasagne streuen.

Spargel-Ragout
mit Reisnudeln

Rezept für 4 Personen
Zubereitungszeit: 40 Minuten

150 g Reisnudeln
750 g grüner Spargel
2 Schalotten
2 Rosmarinzweige
20 g Butter
2 EL Tomatenmark
200 ml Geflügelbrühe
100 g Sahne
150 g Kirschtomaten
100 g Fetakäse
Zucker
Meersalz
frisch gemahlener schwarzer Pfeffer

Die Reisnudeln in Salzwasser bissfest kochen. Den Spargel schälen und die holzigen Enden abschneiden. Die Stangen in 2 cm lange Stücke schneiden.

Die Schalotten schälen und in feine Würfel schneiden. Die Schalotten und den Rosmarin in Butter glasig dünsten, die Spargelstücke und das Tomatenmark zufügen und für 2 Minuten mitdünsten. Mit Geflügelbrühe und Sahne aufgießen und 5–8 Minuten leise kochen lassen. Die Reisnudeln zufügen und weitere 5 Minuten kochen.

Die Kirschtomaten waschen, halbieren und in das Spargelragout geben. Mit Salz, Zucker und Pfeffer abschmecken. Das Ragout auf Schüsseln verteilen. Den Feta zerbröseln und über das Ragout streuen.

Spargel-Makkaroni-Auflauf

Rezept für 4 Personen
Zubereitungszeit: 45 Minuten

200 g Makkaroni
500 g grüner Spargel
500 g weißer Spargel
200 ml Milch
200 g Sahne
20 g Butter
3 EL Mehl
150 g Emmentaler
frisch gemahlene Muskatnuss
Meersalz
frisch gemahlener Pfeffer
Olivenöl zum Einfetten

Die Makkaroni 5 Minuten in Salzwasser kochen, abschütten,
kalt abschrecken und abtropfen lassen.

Den Spargel schälen und die holzigen Enden abschneiden.
Die Schalen aufbewahren. Die Stangen in Salzwasser bissfest blanchieren
und kalt abschrecken. Den Spargel trocken tupfen.

Die Milch mit der Sahne aufkochen und mit Salz, Pfeffer und Muskatnuss würzen.
Die Butter und das Mehl verkneten und in die heiße Milch-Sahne-Mischung geben.
5 Minuten leise kochen, bis eine cremige Béchamelsauce entsteht.
Den Emmentaler grob reiben.

Den Backofen auf 180 °C vorheizen.

Eine Auflaufform 10 x 25 cm mit Olivenöl einpinseln. Die Makkaroni und den Spargel
darin schichten und mit der Béchamel übergießen. 20 Minuten im Ofen backen.
Den geriebenen Käse darüberstreuen und nochmals 10 Minuten backen.
Heiß servieren.

Spargel-Wan-Tans

Rezept für 4 Personen
Zubereitungszeit: 20 Minuten

250 g weißer Spargel
1 EL Rapsöl
2 EL Sesam
1 TL Ahornsirup
18 Wan-Tan-Teigblätter
1 Schale Shiso-Kresse
80 g Sweet-Chili-Sauce
Meersalz
frisch gemahlener schwarzer Pfeffer
1 l Erdnussöl zum Frittieren
Mehl für die Arbeitsfläche

Den Spargel schälen und die holzigen Enden abschneiden.
Die Stangen zunächst in dünne Scheiben und anschließend in Stifte
schneiden. Die Spargelstifte in Rapsöl ca. 3 Minuten knusprig braten.

Den Sesam ohne Fett in einer Pfanne goldbraun rösten. Aus der Pfanne
nehmen und mit dem Ahornsirup den Spargelstiften zufügen und verrühren.

Die Wan-Tan-Blätter auf einer bemehlten Arbeitsfläche auslegen.
Den Spargel in die Mitte setzen. Die Teigränder mit Wasser einpinseln
und diagonal zuklappen. An den Rändern festdrücken.

Das Öl auf 180 °C erhitzen und die Wan Tans darin ca. 2 Minuten
knusprig ausbacken. Das überschüssige Fett auf Küchenpapier abtropfen
lassen. Die Wan Tans mit Salz würzen. Mit Shiso-Kresse und
Sweet-Chili-Sauce servieren.

Aus dem Ofen

Spargelgratin

Rezept für 4 Personen
Zubereitungszeit: 70 Minuten

500 g Kartoffeln
500 g weißer Spargel
200 g Crème fraîche
100 g Sahne
2 TL Senf
Abrieb von 1 unbehandelten Zitrone
2 EL Weißweinessig
1 Knoblauchzehe
½ Bund Schnittlauch
100 g Bergkäse
frisch geriebene Muskatnuss
Meersalz
frisch gemahlener schwarzer Pfeffer

Die Kartoffeln schälen und in Salzwasser für 20 Minuten kochen.
Auskühlen lassen und in Scheiben schneiden.

Den Spargel schälen, die holzigen Enden abschneiden und die Stangen
in Salzwasser für 5 Minuten bissfest blanchieren. Kalt abschrecken und in
2 cm lange Stücke schneiden.

Crème fraîche, Sahne, Senf, Zitronenabrieb und Essig mischen.
Den Knoblauch schälen, fein hacken und zufügen. Den Schnittlauch
in feine Röllchen schneiden. Den Bergkäse grob reiben.

Den Backofen auf 200 °C vorheizen.

Kartoffeln und Spargel in einer Schüssel mit der Sahnemischung vermengen.
Den Schnittlauch unterheben. Mit Salz, Pfeffer und Muskatnuss kräftig würzen.
Die Mischung in einer Auflaufform von 20 x 30 cm verteilen und 25 Minuten
backen. Das Gratin aus dem Ofen holen, mit dem Bergkäse bestreuen und für
weitere 10 Minuten backen. Heiß genießen.

Spargelmuffins

Rezept für 4 Personen
Zubereitungszeit: 45 Minuten

250 g weißer Spargel
250 g grüner Spargel
50 g Speck
100 g Butter
2 Eier
120 g Mehl
40 g Weizengrieß
2 TL Backpulver
70 ml Milch
3 EL Olivenöl
Meersalz
frisch gemahlener weißer Pfeffer

Den Spargel schälen, die holzigen Enden abschneiden und die Stangen blanchieren. Kalt abschrecken und dann in 1 cm lange Stücke schneiden.

Den Speck in einer Pfanne ohne Fett auslassen. Die Butter mit einem Handrührgerät schaumig schlagen, dabei die Eier unterrühren. Das Mehl hineinsieben und weiterschlagen. Weizengrieß und Backpulver unterheben. Milch zugießen und glatt rühren. Die Spargelstücke hinzufügen und vermengen. Mit Salz und Pfeffer würzen.

Den Backofen auf 180 °C vorheizen.

Ein Muffinblech mit Olivenöl einpinseln. Die Masse auf neun Förmchen verteilen und 25 Minuten im Ofen backen. Die Muffins heiß oder kalt genießen.

Hirse-Hackbraten mit Spargel

Rezept für 4 Personen
Zubereitungszeit: 60 Minuten

80 g Hirse
750 g Rinderhackfleisch
2 Schalotten
1 TL Thymianblättchen
2 Eier
80 g grüner Spargel
80 g weißer Spargel
200 g Frühstücksspeck
Meersalz
frisch gemahlener schwarzer Pfeffer

Die Hirse in Salzwasser 10–12 Minuten kochen. Über einem Sieb abschütten und mit kaltem Wasser abschrecken.

Die Schalotten schälen und in feine Würfel schneiden. Das Hackfleisch mit der Hirse und den Schalotten vermischen. Mit Thymian, Salz und Pfeffer würzen. Die Eier untermengen.

Den Spargel schälen und die holzigen Enden abschneiden. Eine Kuchenform von 28 x 10 cm mit Frühstücksspeck auslegen.

Den Ofen auf 180 °C vorheizen. Die Hälfte der Hackmasse über dem Frühstücksspeck verteilen, den Spargel in die Mitte legen und die Form mit der übrigen Hackmasse füllen. Die überstehenden Speckstreifen einklappen. Den Braten 35–40 Minuten im Ofen backen. Aus der Form stürzen und zum Servieren in 2 cm breite Scheiben schneiden.

Papillote vom Spargel

Rezept für 4 Personen
Zubereitungszeit: 30 Minuten

500 g weißer Spargel
200 g junge Karotten
4 Frühlingszwiebelstangen
3 EL Olivenöl
30 g Butter
Zucker
Meersalz
frisch gemahlener schwarzer Pfeffer

Den Backofen auf 200 °C vorheizen.

Den Spargel schälen und die holzigen Enden abschneiden.
Die Karotten schälen. Die Frühlingszwiebeln putzen.

Ein Stück Backpapier von 40 x 40 cm auf der Arbeitsfläche auslegen.
Spargel, Karotten und Frühlingszwiebeln mittig darauf verteilen. Mit Salz,
Zucker und Pfeffer würzen.

Olivenöl und Butter in einem Topf schmelzen und über das Gemüse gießen.
Das Backpapier einschlagen und an den Enden mit Küchengarn
verschließen. Die Papillote für 25 Minuten backen. Auf einem Teller in
der Papierhülle servieren.

Spargel-Blechkuchen

Rezept für 4 Personen
Zubereitungszeit: 35 Minuten

750 g grüner Spargel
380 g Mehl
250 g Quark
70 ml Olivenöl
4 Eier
500 g Frischkäse
½ Bund Basilikum
Meersalz
frisch gemahlener weißer Pfeffer

Den Spargel schälen und die holzigen Enden abschneiden.
Die Stangen in 3 cm lange Stücke schneiden.

Den Backofen auf 200 °C vorheizen.

Das Mehl in eine Schüssel sieben und mit dem Quark und dem Olivenöl
zu einem glatten Teig verkneten. Mit Salz würzen. Den Teig zwischen
Frischhaltefolie ausrollen und auf ein mit Backpapier ausgelegtes Backblech
legen. Mit einer Gabel den Teig über der gesamten Fläche einstechen
und für 10 Minuten backen.

Die Eier trennen. Frischkäse und Eigelbe verrühren. Eiweiße mit einer Prise
Salz steif schlagen und unter die Frischkäse-Eigelb-Mischung heben.

Basilikum waschen, trocken schleudern und grob hacken. Unter die
Frischkäsemasse heben. Die Masse gleichmäßig auf dem Quarkteig
verteilen und die Spargelstücke leicht eingedrückt darübergeben.
Den Kuchen für 25 Minuten backen.

Der Kuchen schmeckt warm und kalt gleichermaßen.

Spargelpizza

Rezept für 4 Personen
Zubereitungszeit: 40 Minuten

Für den Teig:
450 g Mehl zzgl. etwas für die Arbeitsfläche
30 g Hefe, 1 TL Salz

Für den Belag:
500 g grüner Spargel
1 Schalotte, 1 Knoblauchzehe
2 EL Olivenöl
200 g passierte Tomaten
2 Oreganozweige
200 g Putenbrustaufschnitt
100 g Emmentaler
Zucker, Meersalz
frisch gemahlener schwarzer Pfeffer

Das Mehl in eine Schüssel sieben, eine Mulde in der Mitte formen. Die Hefe hineinbröseln und Salz zufügen. 250 ml lauwarmes Wasser zufügen und von außen nach innen kneten, bis ein geschmeidiger Teig entsteht. Den Teig an einem warmen Ort für 1 Stunde ruhen lassen.

Den Spargel im unteren Drittel schälen und die holzigen Enden abschneiden. Die Stangen in Salzwasser bissfest blanchieren und kalt abschrecken.

Die Schalotte und den Knoblauch schälen und fein würfeln. In Olivenöl glasig anschwitzen. Die passierten Tomaten zufügen und 2 Minuten kochen. Mit Salz, Pfeffer und Zucker abschmecken.

Den Oregano waschen, trocken schleudern und die Blättchen abzupfen. Die Hälfte unter die Tomatensauce mischen. Den Emmentaler grob reiben.

Den Ofen auf 200 °C vorheizen.

Den Pizzateig auf einer bemehlten Arbeitsfläche nochmals kneten und zu vier Fladen von je 20 cm Ø ausrollen. Die Fladen mit der Sauce bestreichen. Den Spargel darauf verteilen und mit Käse bestreut 15 Minuten backen. Die Pizza aus dem Ofen holen und mit dem Putenbrustaufschnitt belegen. Heiß servieren.

Spargel-Quiche

Rezept für 4 Personen
Zubereitungszeit: 40 Minuten

1 Packung Blätterteig
175 g weißer Spargel
175 g grüner Spargel
4 Eier
200 g Sahne
40 g Parmesan
Meersalz
frisch gemahlener weißer Pfeffer

Eine Form von 30 x 15 cm mit dem Blätterteig auslegen. Den Boden im Abstand
von 0,5 cm über die gesamte Fläche mit einer Gabel einstechen.

Den Spargel schälen und die holzigen Enden abschneiden. Die Eier mit der Sahne
verquirlen. Den Parmesan reiben und unterheben. Mit Salz und Pfeffer würzen.

Den Ofen auf 220 °C vorheizen.

Den Spargel in der Form verteilen und mit der Eier-Sahne-Mischung übergießen.
Die Quiche 20–25 Minuten backen und heiß genießen.

Spargelstrudel

Rezept für 4 Personen
Zubereitungszeit: 30 Minuten

600 g grüner Spargel
600 g weißer Spargel
80 g Parmesan
30 g Paniermehl
100 g Butter
1 Packung Strudelteig
Meersalz
frisch gemahlener schwarzer Pfeffer

Den Spargel schälen und die holzigen Enden abschneiden.
Die Stangen in Salzwasser bissfest blanchieren und kalt abschrecken.

Den Backofen auf 200 °C vorheizen.

Den Parmesan fein reiben und mit dem Paniermehl mischen.
Die Butter in einem Topf schmelzen.

Drei bis vier Strudelteigblätter von 30 x 30 cm auf ein ausgelegtes Küchentuch
legen. Jeweils ein paar Spargelstangen im unteren Drittel darauflegen und
mit der Parmesan-Paniermehl-Mischung bestreuen. Mit Salz und Pfeffer würzen.
Die übrigen Stangen in der gleichen Weise aufeinanderschichten. Den Vorgang
wiederholen und einen zweiten Strudel füllen.

Den Strudelteig mithilfe des Küchentuchs aufrollen, sodass die Naht unten ist.
Die Strudel auf ein mit Backpapier ausgelegtes Backblech legen und mit der
flüssigen Butter bestreichen.

Im Ofen 20–25 Minuten backen. Heiß servieren.

Backapfel mit Honig-Spargel und Rinderfilet

Rezept für 4 Personen
Zubereitungszeit: 35 Minuten

4 Äpfel (Boskop)
250 g grüner Spargel
2 Schalotten
200 g Rinderfilet
2 EL Olivenöl
1 EL Butter
2 EL Honig
2 Estragonzweige
150 g Basmatireis
Meersalz
frisch gemahlener schwarzer Pfeffer

Den Backofen auf 200 °C vorheizen.

Die Äpfel waschen und das obere Viertel abschneiden. Die Äpfel mit einem Teelöffel aushöhlen, sodass ein 1 cm breiter Rand stehen bleibt.

Den Spargel im unteren Drittel schälen, die holzigen Enden abschneiden und in Salzwasser bissfest blanchieren. Kalt abschrecken und in 1 cm lange Stücke schneiden.

Die Schalotten schälen und in feine Würfel schneiden. Das Rinderfilet in Würfel von 1 cm Kantenlänge schneiden. Das Olivenöl in einer Pfanne erhitzen und das Rinderfilet darin scharf anbraten.

Den Estragon waschen, trocken schleudern und fein schneiden. Spargel, Schalotten, Butter und Honig zufügen und 1 Minute weiterbraten. Mit Estragon bestreuen, mit Salz und Pfeffer würzen. Den Reis mit der dreifachen Menge Wasser kochen.

Die Mischung in die Äpfel füllen und jeweils mit dem abgeschnittenen Apfelviertel abdecken. Im Ofen 10–12 Minuten backen. Die Äpfel heiß mit Reis servieren.

Haupt-
gerichte

Spargel mit Hollandaise und Schinken

Rezept für 4 Personen
Zubereitungszeit: 45 Minuten

250 g junge Kartoffeln
4 Petersilienzweige
1 kg weißer Spargel
1 Rezeptmenge Hollandaise (s. S. 16)
12 rohe Schinkenscheiben
Meersalz

Die Kartoffeln mit Schale in Salzwasser kochen und anschließend pellen. Die Petersilie waschen, trocken schleudern und grob hacken.

Den Spargel schälen und die holzigen Enden abschneiden. Die Stangen in Salzwasser 10–12 Minuten weich kochen.

Die Hollandaise wie im Rezept auf Seite 16 beschrieben zubereiten.

Die heißen Spargelstangen mit der Sauce, den gekochten Kartoffeln und dem Schinken anrichten. Mit Salz würzen und mit Petersilie bestreuen.

Spargel im Bierteig

Rezept für 4 Personen
Zubereitungszeit: 20 Minuten

500 g grüner Spargel
500 g weißer Spargel
250 ml Bier
250 g Mehl
3 Eier
Meersalz
frisch gemahlener schwarzer Pfeffer
Mehl zum Wenden
1,5 l Fett zum Frittieren

Den Spargel schälen. Die holzigen Enden abschneiden und die Stangen
in Salzwasser bissfest blanchieren. Den Spargel auf Küchenpapier gut abtropfen lassen.

Das Bier in eine Schüssel gießen. Das Mehl hineinsieben und verrühren.

Die Eier trennen. Die Eigelbe in die Schüssel geben und untermengen. Das Eiweiß mit
einer Prise Salz steif schlagen, bis sich weiße Spitzen bilden, und unter den Teig heben.

Das Frittierfett auf 160 °C erhitzen.

Die Spargelstangen in Mehl wenden und durch den Teig ziehen. In heißem Fett für
2 Minuten ausbacken. Das überschüssige Fett auf Küchenpapier abtropfen lassen
und den Spargel mit Salz und Pfeffer bestreut servieren.

Schmetterlingshuhn mit gebackenem Spargel

Rezept für 4 Personen
Zubereitungszeit: 80 Minuten

1 Masthähnchen (ca. 1,2 kg)
2 Stangen Zitronengras
2 Knoblauchzehen
2 unbehandelte Limetten
6 EL Olivenöl
Saft und Abrieb von 1 unbehandelten Zitrone
750 g grüner Spargel
100 g rote Zwiebeln
30 g Butter, flüssig
Meersalz
frisch gemahlener schwarzer Pfeffer

Das Hähnchen unter kaltem Wasser abspülen und trocken tupfen. Mit einer Geflügelschere auf der Rückenseite aufschneiden und auf der Arbeitsfläche flach drücken. Von innen und außen mit Salz und Pfeffer würzen.

Mit dem Messerrücken über das Zitronengras klopfen. Den Knoblauch schälen und leicht andrücken. Die Limetten heiß abwaschen und in Scheiben schneiden.

Den Ofen auf 180 °C vorheizen.

Limetten, Zitronengras und Knoblauch in eine feuerfeste Form von 30 x 40 cm legen und mit 2 EL Olivenöl beträufeln. Das restliche Olivenöl mit dem Zitronensaft und -abrieb vermischen. Das Huhn außen und innen damit einstreichen und 60–65 Minuten im Ofen backen.

Den Spargel schälen und die holzigen Enden abschneiden. Die Stangen mit Salz und Pfeffer würzen. Die Zwiebeln schälen und in Streifen schneiden.

20 Minuten vor Ende der Backzeit den Spargel und die Zwiebelstreifen mit der Butter einstreichen und zum Huhn geben. Alles fertig backen und servieren.

Gegrillter grüner Spargel mit Zitrone, Honig und Ingwer

Rezept für 4 Personen
Zubereitungszeit: 50 Minuten

1,5 kg grüner Spargel
Saft und Abrieb von 2 unbehandelten Zitronen
2 EL Honig
2 cm frische Ingwerwurzel
3 EL Olivenöl
100 g Wildreis
20 g Butter
2 Korianderzweige
Meersalz
frisch gemahlener schwarzer Pfeffer

Den Spargel im unteren Drittel schälen und die holzigen Enden abschneiden.
Zitronenabrieb, -saft und Honig in einer Schüssel mischen.

Den Ingwer schälen und fein reiben. Olivenöl und Ingwer in die Schüssel füllen
und mit der Zitronensaft-Honig-Mischung vermischen. Mit Salz und Pfeffer würzen.

Den Wildreis in der dreifachen Menge Salzwasser 20–25 Minuten kochen.
Den Spargel in eine feuerfeste Form geben und mit der Zitronen-Ingwer-Marinade
übergießen. Auf einem heißen Grill 12–15 Minuten bei geschlossenem Deckel grillen,
dabei den Spargel in der Form immer wieder wenden.

Den Reis abschütten und in Butter anschwitzen. Mit Salz und Pfeffer würzen.

Den Koriander waschen und trocken schleudern. Die Korianderblättchen abzupfen
und fein hacken. Unter den Reis mischen. Spargel und Reis gemeinsam anrichten.

Rinderfilet mit Spargel und Speck

Rezept für 4 Personen
Zubereitungszeit: 35 Minuten

700 g Rinderfilet
4 Scheiben Frühstücksspeck
2 EL Olivenöl
1 kg weißer Spargel
50 g Butter
Saft von ½ Zitrone
Meersalz
frisch gemahlener schwarzer Pfeffer

Das Rinderfilet von allen Sehnen befreien und in vier Stücke schneiden.
Jedes Filet mit einer Scheibe Frühstücksspeck umwickeln und mit Küchengarn binden.

Den Ofen auf 170 °C vorheizen.

Das Olivenöl in einer Pfanne erhitzen. Die Filets darin von jeder Seite 2 Minuten
braten. Mit Salz und Pfeffer würzen. Für 7–8 Minuten im Ofen ziehen lassen.

Den Spargel schälen und die holzigen Enden abschneiden. Die Stangen in Salzwasser
kochen. Die Butter in einem Topf schmelzen und mit Salz und Zitronensaft würzen.

Den Spargel auf Tellern anrichten, mit der Zitronenbutter beträufeln. Die fertigen
Rinderfilets auf den Spargel setzen und servieren.

Tipp: Als Beilage passen junge Kartoffeln oder Bandnudeln.

Entenbrust mit Spargel und Wok-Gemüse

Rezept für 4 Personen
Zubereitungszeit: 40 Minuten

500 g weißer Spargel
200 g Karotten
150 g grüne Paprika
100 g rote Zwiebeln
2 cm frische Ingwerwurzel
1 Knoblauchzehe
3 EL Erdnussöl
4 EL Sojasauce
1 EL Honig
2 Korianderzweige
4 weibliche Entenbrüste
Meersalz
frisch gemahlener schwarzer Pfeffer

Den Spargel schälen und die holzigen Enden abschneiden. Die Stangen
diagonal in dünne Scheiben schneiden. Die Karotten schälen und in Stifte schneiden.
Die Paprika waschen, halbieren, entkernen und ebenfalls in Stifte schneiden.
Die Zwiebeln schälen und in Streifen schneiden. Den Ingwer schälen und fein reiben.
Den Knoblauch schälen und hacken.

Das Erdnussöl in einem Wok erhitzen und das Gemüse darin scharf anbraten.
Knoblauch und Ingwer zufügen. Nach 5 Minuten die Sojasauce und den Honig
zufügen und alles durchschwenken. Warm halten.

Den Koriander hacken. Die Entenbrüste mit der Hautseite nach unten in eine
kalte Pfanne legen und bei mittlerer Hitze 10 Minuten braten. Das überschüssige
Fett abschütten und die Brüste wenden. Weitere 5–7 Minuten braten.
Mit Salz und Pfeffer würzen. Das Wok-Gemüse mit dem Koriander vermischen
und mit den Entenbrüsten anrichten.

Spargelpfanne
mit Speck und Pilzen

Rezept für 4 Personen
Zubereitungszeit: 30 Minuten

250 g grüner Spargel
250 g weißer Spargel
250 g Waldpilze (Steinpilze, Champignons)
2 EL Olivenöl
50 g Speck
200 ml Geflügelbrühe
½ Bund Petersilie
Meersalz
frisch gemahlener schwarzer Pfeffer

Den Spargel schälen und die holzigen Enden abschneiden.
Die Stangen schräg in 1 cm lange Stücke schneiden. Die Pilze putzen
und in grobe Stücke schneiden.

Das Olivenöl in einer Pfanne von 26 cm Ø erhitzen. Spargel und Pilze
darin 3–4 Minuten scharf anbraten. Den Speck zufügen und 2 Minuten
weiterbraten. Die Brühe hinzugießen und einkochen, bis keine
Flüssigkeit mehr in der Pfanne ist.

Währenddessen die Petersilie waschen, trocken schleudern und hacken.
Unter die Spargel-Pilz-Mischung heben und alles mit Salz und Pfeffer
abschmecken.

Die Spargelpfanne heiß servieren.

Seeteufel-Schnitzel auf Spargelsalat

Rezept für 4 Personen
Zubereitungszeit: 35 Minuten

Für die Schnitzel:
500 g Seeteufel
Saft von 1 Zitrone
2 Eier
100 g frisches Paniermehl
3 EL Rapsöl, 20 g Butter
Mehl zum Wenden

Für den Salat:
500 g weißer Spargel
250 g grüner Spargel
80 g Radieschen, 100 g Kirschtomaten
½ Bund Schnittlauch
4 EL Olivenöl, 2 EL Weißweinessig
1 TL Senf, Saft von 1 Orange
Zucker, Meersalz
frisch gemahlener schwarzer Pfeffer

Den Seeteufel putzen und in dünne Scheiben schneiden. Mit dem Zitronensaft marinieren. Die Eier aufschlagen und verquirlen. Die Medaillons mit Salz und Pfeffer würzen. Den Fisch nacheinander in Mehl wenden, durch die Eier ziehen und in frischem Paniermehl wälzen. Rapsöl und Butter in einer Pfanne erhitzen und die Seeteufel-Schnitzel von jeder Seite darin goldbraun anbraten.

Für den Salat den Spargel schälen und die holzigen Enden abschneiden. Die Stangen in Salzwasser bissfest blanchieren und kalt abschrecken. Abtropfen lassen und in 3 cm lange Stücke schneiden.

Radieschen waschen und dünn hobeln. Die Kirschtomaten waschen und halbieren. Den Schnittlauch in Röllchen schneiden. Olivenöl, Weißweinessig, Senf und Orangensaft in einer Schüssel verquirlen. Die Vinaigrette mit Salz, Pfeffer und Zucker abschmecken.

Alle Zutaten für den Salat in einer Schüssel mischen und mit der Vinaigrette marinieren. Die Seeteufel-Schnitzel mit dem Salat servieren.

Spargel-Allerlei

Rezept für 4 Personen
Zubereitungszeit: 55 Minuten zzgl. 2 Stunden Einweichzeit

10 g getrocknete Morcheln
500 g grüner Spargel
500 g weißer Spargel
100 g Zuckerschoten
150 g junge Karotten
2 Schalotten
2 EL Rapsöl
60 ml Weißwein
200 ml Geflügelbrühe
200 g Sahne
20 g Butter
2 EL Mehl
150 g Flusskrebse
4 Kerbelzweige
frisch geriebene Muskatnuss
Meersalz
frisch gemahlener schwarzer Pfeffer

Die Morcheln in 200 ml warmem Wasser 2 Stunden einweichen lassen und anschließend abbrausen. Den grünen und weißen Spargel schälen, die holzigen Enden abschneiden. Die Stangen in 3 cm lange Stücke schneiden.

Die Zuckerschoten putzen. Die Karotten schälen und das Grün kurz schneiden. Die Schalotten schälen, in feine Würfel schneiden und in einem Topf in Rapsöl glasig anschwitzen. Die Karotten zufügen und 2 Minuten ebenfalls anschwitzen. Den Weißwein zugießen und auf die Hälfte reduzieren. Brühe und Sahne zufügen und aufkochen. Den Herd auf mittlere Hitze drehen und Spargel, Morcheln und Zuckerschoten zufügen.

Die Butter mit dem Mehl verkneten und in die Flüssigkeit geben. 10 Minuten leise kochen. Mit Salz, Pfeffer und Muskatnuss abschmecken. Vor dem Servieren die Flusskrebse zugeben und weitere 3 Minuten mitkochen. Mit Kerbel servieren.

Tipp: Als Beilage schmeckt Reis besonders lecker.

Spargel mit Senfeiern

Rezept für 4 Personen
Zubereitungszeit: 30 Minuten

1 kg weißer Spargel
2 Schalotten
2 EL Olivenöl
80 g Senf
200 ml Geflügelbrühe
200 g Crème double
8 Eier
40 g Butter
4 Schnittlauchhalme
Zucker
Meersalz
frisch gemahlener weißer Pfeffer

Den Spargel schälen und die holzigen Enden abschneiden.
Die Stangen in Salzwasser blanchieren und kalt abschrecken.

Die Schalotten schälen, in feine Würfel schneiden und in Olivenöl glasig dünsten.
Den Senf zufügen und für 2 Minuten mitdünsten. Die Geflügelbrühe zugießen
und weitere 3 Minuten kochen lassen. Die Crème double hinzufügen,
einmal aufkochen und mit Salz, Pfeffer und Zucker abschmecken.

Die Eier in Wasser 9 Minuten kochen, kurz kalt abschrecken, pellen und halbieren.
Die Butter in einer Pfanne schmelzen und den Spargel darin erwärmen.

Den Schnittlauch waschen und in 3 cm lange Stücke schneiden.
Den Spargel zusammen mit den Eiern und der Senfsauce anrichten.
Mit Schnittlauch garniert servieren.

Knuspriger Salbei-Spargel im Kartoffelmantel

Rezept für 4 Personen
Zubereitungszeit: 45 Minuten

500 g weißer Spargel
500 g grüner Spargel
400 g große Kartoffeln
6 Salbeizweige
80 g Butter
Meersalz
frisch gemahlener schwarzer Pfeffer

Beide Spargelsorten schälen und die holzigen Enden abschneiden.
Die Stangen in Salzwasser bissfest blanchieren. Den Spargel kalt abschrecken
und auf Küchenpapier abtropfen lassen.

Die Kartoffeln schälen und über einen Hobel in 1 mm dünne Scheiben
schneiden. Zehn Scheiben jeweils 2 cm überlappend aufeinanderlegen.
Mit Salz und Pfeffer würzen.

Drei weiße und drei grüne Stangen Spargel bündeln und mit einem Salbeizweig
in den Kartoffelmantel wickeln.

Die Butter in einer beschichteten Pfanne schmelzen und die Spargelbündel
behutsam von jeder Seite 3 Minuten braten. Den Spargel mit Salz und Pfeffer
würzen und servieren.

Spargelcurry
mit Garnelen und Kokos

Rezept für 4 Personen
Zubereitungszeit: 45 Minuten

250 g weißer Spargel
250 g grüner Spargel
2 rote Zwiebeln
1 Stängel Zitronengras
2 EL Erdnussöl
150 g rote Linsen
3 TL rote Currypaste
400 ml Kokosmilch
400 ml Spargelfond
16 Garnelen
3 Korianderzweige
Zucker
Meersalz
Cayennepfeffer

Den Spargel schälen und die holzigen Enden abschneiden. Beide Sorten
in 2 cm lange Stücke schneiden. Die Zwiebeln schälen und in Streifen schneiden.
Das Zitronengras mit dem Messerrücken leicht klopfen und halbieren.

Das Erdnussöl in einem Topf erhitzen. Linsen, Zwiebeln und Zitronengras darin
3 Minuten glasig dünsten. Die Currypaste zufügen. Kokosmilch und Spargelfond
zugießen und für 10 Minuten kochen. Spargelstücke beigeben und weitere
10 Minuten leise kochen.

Die Garnelen schälen. Den Darm entfernen und die Garnellen unter kaltem Wasser
abspülen. Die Garnelen mit Salz und Cayennepfeffer würzen. Garnelen in das Curry
geben und 5 Minuten bei schwacher Hitze gar ziehen lassen.

Den Koriander waschen, trocken schleudern und zupfen. Das Curry mit Salz und
Cayennepfeffer abschmecken und mit frischem Koriander bestreut servieren.

Spargel-kleinigkeiten

Spargel-Erdbeer-Salat mit Minze

Rezept für 4 Personen
Zubereitungszeit: 10 Minuten

250 g weißer Spargel
200 g Erdbeeren
Saft von 1 Zitrone
1 EL Puderzucker
2 Minzezweige
Zucker

Den Spargel schälen und die holzigen Enden abschneiden. Die Stangen in Zuckerwasser blanchieren und kalt abschrecken. Den Spargel in 2 cm lange Stücke schneiden.

Die Erdbeeren waschen und auf Küchenpapier abtropfen lassen. Den Stielansatz abschneiden. Die Erdbeeren halbieren.

Zitronensaft und Puderzucker vermischen. Die Erdbeeren und den Spargel in einer Schüssel mit dem Zitronenzucker marinieren.

Die Minze waschen und trocken schütteln. Die Blättchen abzupfen und in feine Streifen schneiden. Die Minzestreifen zum Salat geben und verrühren. Den Salat auf Gläser verteilen und servieren.

Spargel-Honig-Crunch

Rezept für 4 Personen
Zubereitungszeit: 20 Minuten

Für den Crunch:
100 g Nussmischung
100 g Mehl
100 g Zucker

250 g weißer Spargel
250 g grüner Spargel
20 g Butter
2 EL Honig
Meersalz

Den Backofen auf 180 °C vorheizen.

Die Nüsse grob hacken. Mehl, Zucker und Nüsse vermengen, bis ein fester Teig entsteht.
Den Teig auf einem mit Backpapier ausgelegten Blech verteilen und 10 Minuten backen.
Den Crunch auskühlen lassen und zerbröseln.

Den Spargel schälen und die holzigen Enden abschneiden. Die Stangen in Salzwasser blanchieren und kalt abschrecken. Auf Küchenpapier abtropfen lassen
und in 2 cm lange Stücke schneiden.

Die Butter in einer Pfanne mit dem Honig schmelzen und die Stangen darin
2 Minuten dünsten. Auf Gläser verteilen und mit dem Crunch bestreut servieren.

Spargel-Orangen-Ragout

Rezept für 4 Personen
Zubereitungszeit: 20 Minuten

250 g weißer Spargel
4 kernlose Orangen
½ Vanilleschote
Zucker

Den Spargel schälen und die holzigen Enden abschneiden.
Die Stangen blanchieren und kalt abschrecken. Auf Küchenpapier
abtropfen lassen. Den Spargel in 1 cm lange Stücke schneiden.

Zwei Orangen schälen, sodass keine weiße Haut übrig bleibt. Anschließend
die Filets mit einem Messer heraustrennen. Spargel und Orangenfilets in einer
Schüssel mischen.

Die Vanilleschote auskratzen und das Vanillemark mit dem Saft
der restlichen Orangen mischen. Das Ragout mit dem Saft marinieren
und in Schüsseln servieren.

Spargel-Chutney mit Ingwer

Rezept für 4 Personen
Zubereitungszeit: 20 Minuten

500 g grüner Spargel
2 EL Olivenöl
60 g Zucker
30 ml Apfelessig
2 cm frische Ingwerwurzel
Meersalz
frisch gemahlener schwarzer Pfeffer

Den Spargel schälen und die holzigen Enden abschneiden. Die Stangen
in dünne Scheiben schneiden und 3 Minuten in Olivenöl anschwitzen.

Den Zucker drüberstreuen und karamellisieren. Sobald der Zucker
flüssig ist, den Essig zufügen und einkochen. Frischen Ingwer hineinreiben
und mit Salz, Pfeffer und Zucker abschmecken.

Spargel-Pickles

Rezept für 2 Gläser à 400 ml
Zubereitungszeit: 20 Minuten

1 kg weißer Spargel
500 ml Apfelessig
300 g Zucker
5 Pimentkörner
3 Lorbeerblätter
2 Zimtstangen
1 TL Meersalz

Den Spargel schälen und die holzigen Enden abschneiden.
Die Stangen in Salzwasser bissfest blanchieren.

Apfelessig, Zucker und Gewürze in einem Topf aufkochen und
7–8 Minuten leise auf die Hälfte einkochen lassen.

Die Spargelstangen und die Mini-Maiskolben zufügen und 3 Minuten mitkochen.
Die heißen Spargel-Pickles in eine Schüssel oder in Einmachgläser füllen.

Die Spargel-Pickles passen hervorragend zu Geflügelgerichten
und sind mehrere Wochen haltbar.

Rezepte von A–Z

Zutaten-Register von A-Z

© 2015 Fackelträger Verlag GmbH, Köln
Emil-Hoffmann-Straße 1
D-50996 Köln

Fotografie: Rafael Pranschke, Mülheim an der Ruhr,
außer auf den Seiten 11 © bevisphoto; 13 (l.) © zi3000 – Fotolia.com
Fotoassistenz: Lukas Kotremba, Mülheim an der Ruhr
Assistenz: Jonas Grünke, Mülheim an der Ruhr
Rezeptentwicklung und Texte: Rafael Pranschke, Mülheim an der Ruhr
Küche: Ruth Friedrich, Mülheim an der Ruhr
Layout: Dana Kula, Wiesbaden
Umschlaggestaltung: Dirk Wagner, Stutensee
Satz: Igor Divis, Dortmund
Gesamtherstellung: Fackelträger Verlag GmbH, Köln

ISBN 978-3-7716-4587-8
Printed in China

www.fackeltraeger-verlag.de